Une personne sensible

L'empathie comme super-pouvoir pour surmonter la négativité et améliorer les compétences sociales

par Viola Di Russo

ISBN: 9798648901391

Sommaire

Introduction

Chez les gens réside quelque chose de très puissant qui peut réellement être considéré comme un super-pouvoir. Nous ne parlons pas de voler ou de voir au travers des murs, cependant, il s'agit bien là de quelque chose de spécial, souvent sous-estimé.
Que diriez-vous, si l'on vous permettait de remonter le moral des gens qui vous entourent sans avoir à faire quoi que ce soit (en apparence)?

Encore une fois, nous ne parlons pas de pouvoirs de guérison ésotériques ou toute autre chose surnaturelle. Nous parlons d'un bien-être relationnel. Par le simple fait de vous parler, d'interagir avec vous, les gens se sentiront mieux. Pas mal, non?
Les formules magiques et les rites sataniques n'ont rien à voir avec cela: nous parlons d'empathie.
Grâce à une communication plus empathique, vous aiderez les gens autour de vous à se sentir mieux, à surmonter les moments négatifs, vous aurez des relations amicales et familiales plus positives, mais ce n'est pas tout. Avec votre super-pouvoir, vous pourrez mener des discussions plus fructueuses au travail, gérer les conflits, tenir des discours qui seront appréciés.
Les gens autour de vous voudront vous parler.
Le pouvoir dont nous parlons est l'empathie: rien de plus, rien de moins. Ne vous laissez pas berner, vous avez sûrement déjà entendu parler de cette faculté. Cependant, elle reste

souvent sous-évaluée et les gens n'utilisent pas pleinement ce potentiel (ou parfois ne l'utilisent pas du tout).
Mais alors, si elle est si importante, pourquoi est-elle sous-estimée?
C'est une question très importante et nous vous répondrons dans les prochaines pages.
Mais d'abord, laissez-nous vous conter une histoire qui vous permettra de mieux comprendre l'empathie, en prenant un exemple dans le passé.

Une cible manquée

Presque tous les gens s'impliquent pour que l'avenir soit meilleur, pour que le monde soit meilleur. Le problème réside dans le sens du mot "meilleur". Il est facile de comprendre de quel monde nous parlons: la Terre est là, et nous pouvons agir, ici et maintenant. Nous pouvons rendre notre vie meilleure...
Meilleure ?
Mais que signifie le mot "meilleur" pour vous?
Dans le monde, il y a ceux qui essaient de maximiser leurs revenus en polluant et en

exploitant les travailleurs. Ils améliorent leur vie. Il y a ceux qui essaient de prendre soin de leur forme physique en allant courir au lieu d'aider aux tâches ménagères. Ils rendent également leur vie meilleure.
Nous finissons par nous marcher sur les pieds et nous blesser, tous les jours, chaque jour. Quelle en est la raison? L'humanité n'a pas de vision commune, elle n'a pas d'objectif commun à atteindre et sur lequel travailler à l'unisson. Tout le monde fait de son mieux, tout le monde rame avec force, mais tout le monde le fait dans des directions différentes... on ne va nulle part comme ça.
Le problème réside dans la nature de l'être humain. En bref, l'homme a toujours cherché à se réunir en groupes pour obtenir des ressources pour survivre et progresser.
Prenons comme exemple les battues qui étaient organisées par les chasseurs dans les villages de l'époque: un groupe d'une dizaine de chasseurs sortait, s'organisait, communiquait, utilisait l'empathie pour rapporter quelque chose à la maison. En

même temps, ceux qui étaient restés au village (simplifions un peu) géraient les choses, communiquaient, pour comprendre ce qui n'allait pas et, au contraire, ce qui fonctionnait bien. Le but était de survivre.
Si l'un des chasseurs n'avait pas écouté le discours des neuf autres parce qu'il se reposait un peu, l'ensemble de la battue aurait échoué. Et pourtant, en se reposant, il améliorait sa vie.
Si l'un des membres du village avait oublié d'apporter de l'eau à un blessé, sous-estimant ses appels à l'aide car il était trop pressé d'aller manger, l'état du blessé aurait empiré. Et pourtant, en mangeant, il améliorait sa vie.

Communication efficace, intelligence émotionnelle et empathie

La société a beaucoup changé. Nous avons perdu les nombreux poils que nous avions sur les bras et les jambes, nous avons perdu notre tonus musculaire parce qu'il n'est plus nécessaire de chasser pour manger, nous

avons également perdu une partie de l'intelligence émotionnelle dont nous avions besoin pour communiquer de manière optimale.
La nature a doté chaque personne d'une boussole qui lui permet de gérer les relations. Cependant, chacune semble indiquer le nord à un endroit différent. Que se passe-t-il?
L'intelligence émotionnelle est un ensemble de capacités de l'être humain qui lui permettent de comprendre ses émotions, de les réguler et de comprendre les émotions des autres. Sans ces compétences, il est difficile d'entrer en relation de façon optimale avec d'autres personnes. En outre, il est nécessaire de savoir communiquer efficacement avec les autres. Être conscient de votre colère et savoir que l'autre personne ressent de la colère ne suffit pas pour gérer un conflit. Vous devez vous réguler en lisant et en interprétant les états émotionnels, les intentions: c'est là que l'empathie entre en jeu.

Qu'est-ce que l'empathie?

Nous avons choisi de vous dire quelques mots sur l'importance de l'empathie comme faisant partie de l'intelligence émotionnelle et de la communication, afin de souligner à quel point elle est importante pour l'être humain.
Mais qu'est-ce que l'empathie précisément?
Avant d'essayer d'améliorer vos capacités empathiques, il est nécessaire de donner un sens à ce mot.
Au fil du temps, beaucoup ont tenté définir l'empathie. Elle a souvent été décrite comme

le fait de comprendre ce que l'autre ressent, ses sentiments et son point de vue. La capacité de se mettre à la place de l'autre pour établir une relation; la capacité de savoir ce que l'autre ressent émotionnellement.

Comme vous pouvez le voir, nous sommes confrontés à un concept simple, qui cache une immense complexité, comme c'est souvent le cas lorsque nous parlons d'émotions humaines.

Nous vous facilitons la tâche en vous montrant à quoi devrait ressembler un cadre empathique idéal, en vous décrivant les caractéristiques d'une personne sensible, capable d'empathie.

Cette personne devrait être:

1) Précise

Être capable de comprendre avec précision ce que l'autre personne vit en se basant sur ses propres expériences. Si nous voyons que notre voisin est furieux parce que le vent a fait tomber un arbre sur sa voiture, nous pouvons comprendre que ce n'est peut-être pas le bon moment pour lui demander du sel...mieux vaut revenir plus tard. Dans ce cas, il est facile d'être précis: c'est comme tirer sur une cible de très près, c'est facile. Cependant, le discours peut devenir plus complexe lorsque l'on s'attaque à d'autres domaines. Au travail par exemple. Vous pouvez remarquer que votre collègue est un peu plus calme et sérieux que d'habitude. Comment devriez-vous vous comporter et communiquer avec lui?

Dans ce cas, vous avez peu d'informations à votre disposition et il sera plus difficile d'être précis.

2) Ouverte

Il est difficile d'être sensible et empathique lorsque vous êtes fermé et unidirectionnel. Pour être empathique, vous devez être attentif et tolérant envers les autres.

Revenons à votre voisin.

Une personne fermée n'irait pas lui parler. Elle rentrerait chez elle.
Une personne unidirectionnelle irait quand même lui demander du sel, en prenant des risques...
Que ferait une personne sensible et empathique? Elle s'approcherait, consciente de la colère et de la tristesse de son voisin, et elle lui offrirait son aide. Elle serait consciente des raisons qui amèneraient son voisin à répondre de manière nerveuse, mais elle serait, malgré tout, prête à l'aider s'il le voulait: elle se comporterait de manière attentive et tolérante.
Qu'en est-il de votre collègue de travail?
Être tolérant et ouvert vous permet d'initier une conversation, même avec des personnes qui ne donnent pas de signaux émotionnels très clairs, comme votre collègue qui est taciturne et sérieux.
Une personne sensible est capable d'interagir et d'ajuster son comportement en fonction des sentiments de l'autre personne, en

tolérant les réactions de ceux qui sont en face d'elle.

3) Consciente

La conscience est un aspect très important pour qu'une personne soit sensible et empathique de manière optimale.

Oui, mais de quoi doit-on être conscient?

Les émotions appartiennent à la personne qui les éprouve. Se laisser contaminer (émotionnellement parlant) par ces émotions, ne mènerait nulle part.

En voyant votre voisin dans cette situation, vous pourriez vous approcher, demander s'il a besoin d'aide, accepter de lui donner de l'aide, et ensuite... vous laisser contaminer par ses émotions négatives et frustrantes: deux personnes en colère auront du mal à coopérer.

Cela vaut également pour votre collègue taciturne et sérieux. Vous pourriez approcher, lui demander s'il veut parler et découvrir qu'un de ses amis proches est très malade. Être contaminé par sa tristesse ne vous aiderait pas.

Une personne sensible et empathique est capable de séparer ses émotions et les sentiments qu'elle éprouve, de ceux des autres. Elle est capable de s'impliquer et de ne pas se laisser submerger par l'état émotionnel de l'autre.
En bref, avoir de l'empathie signifie reconnaître avec précision les émotions que l'autre ressent, reconnaître ses humeurs, savoir gérer ses émotions et son comportement, tolérer les comportements de l'autre, séparer ses propres émotions de celles des autres pour être en mesure de l'aider.

C'est facile d'être une personne sensible, non?

Soyez tranquille. Si votre objectif est d'améliorer votre empathie, de surmonter la négativité qui vous entoure et d'être plus attentif socialement, nous serons heureux de vous donner des informations, des conseils et même certaines astuces pour atteindre votre objectif.

Comment être plus empathique

Comme vous pouvez le voir, pour devenir une personne plus sensible, il est nécessaire d'agir sur l'ensemble des connaissances et des comportements qui rythment votre quotidien. Cela signifie prendre la main sur vos habitudes quotidiennes et la façon dont vous voyez le monde.

D'abord, vous devrez apprendre à lire en vous-même. Il est inutile d'essayer d'être empathique et de comprendre ce que les autres ressentent si vous ne pouvez pas d'abord comprendre pourquoi vous ressentez vous-même une émotion.

La prochaine étape sera d'être précis dans la compréhension des émotions vécues par les autres.
Lorsque vous serez en mesure de comprendre de manière précise les émotions et les humeurs que vous et les autres éprouvez, vous devrez apprendre à gérer ces émotions, ne pas vous laisser submerger par celles-ci.
Vous devrez distinguer vos émotions de celles des autres, de manière à être clair dans vos choix et pouvoir vous rendre utile et offrir votre aide en conversant.
Vous devrez apprendre à gérer vos comportements dans certaines situations, à être tolérant face aux demandes des autres et dans vos façons de communiquer.
Vous prendrez conscience de vos émotions, de vos comportements. Il est essentiel de comprendre que, même si vous ressentez une émotion très forte au niveau empathique, elle appartient à ceux qui sont en face de vous: se laisser submerger par leurs émotions ne mènera nulle part.

Communiquer est essentiel. La communication empathique vous permettra d'exprimer votre point de vue en accord avec vos émotions et celles de l'autre, et cela vous permettra de ramer ensemble dans la même direction: vos boussoles indiqueront le même Nord.

Êtes-vous prêt à commencer?

Une cible retrouvée

Vous êtes sûr qu'il ne manque rien?

En ce moment, à travers les mots écrits sur ces pages, nous sommes en train de communiquer. Même s'il s'agit d'un texte écrit, cela ne signifie pas qu'il doit être moins empathique.

Bien sûr, par écrit il nous est impossible de connaître vos humeurs, vos sentiments, de savoir si vous avez passé une bonne ou une mauvaise journée. Cependant, il serait assez mal venu de ne pas faire notre maximum pour communiquer avec vous de la façon la plus empathique possible: nous devons

donner le bon exemple! Comment faire alors que nous ne pouvons pas vous voir?
C'est simple. Il faut que nous alignions autant que possible nos boussoles, de manière à ce que le Nord, pour vous et pour nous, pointe dans la même direction. Ceci est possible si l'on se fixe un objectif commun. Vous lisez ces pages pour devenir des personnes plus sensibles et empathiques. Et nous, nous voulons nous assurer que vous le deveniez. Nous travaillons tous ensemble pour construire un monde plus empathique et plus conscient des émotions des autres. Pas mal comme objectif!
Essayer de développer l'empathie autour de soi est une étape vraiment importante pour tous, même à un niveau plus large. Donner le bon exemple permettra à vos proches de faire de même, et ils seront également un exemple pour d'autres personnes. Ce phénomène est particulièrement visible lorsque des événements négatifs ou violents se produisent. Mais la positivité peut également se répandre telle une marée noire.

L'empathie est particulièrement efficace à cet égard. En devenant des personnes sensibles, vous donnerez aux autres envie de suivre votre chemin, vous transmettrez la positivité: qui ne voudrait pas avoir ce super-pouvoir?
En outre, l'augmentation de l'empathie est importante car elle réduit les comportements agressifs et le harcèlement envers les autres. Elle réduit les préjugés et le racisme. Et elle augmente le désir d'aider les autres. En bref, répandre l'empathie autour de soi signifie construire une société meilleure.
Alors que nous écrivons ces pages et que vous les lisez, nous (vous et nous) essayons de construire un monde meilleur.

Connaître et gérer les émotions

Comme nous l'avons déjà dit, pour comprendre les émotions des autres, vous devez d'abord connaître vos propres émotions. Ne prenez pas cela pour acquis. Pensez à la colère, la tristesse, la joie...nous sommes sûrs que vous avez vécu ces émotions tout au long de votre vie. Cependant, nous ne nous rendons pas toujours compte des émotions que nous éprouvons. Parfois, celles-ci se manifestent comme des états transitoires et de courte durée. Elles ont des nuances différentes et

des intensités variables. Cela dépend de ce qui les provoque.
La joie vécue lorsque l'on devient parent est différente de la joie d'acheter une nouvelle voiture. Tout comme elle est différente de la joie ressentie lorsque l'on gagne un jeu de cartes. L'émotion est la même mais son intensité varie, et surtout, l'élément déclencheur est différent. Pourquoi?
Les émotions sont une façon complexe de lire la réalité qui nous entoure. Elles ont pour fonction de fournir des informations sur les événements et l'environnement. Si, par exemple, nous voyons une grosse araignée sur la table, nous ressentons de la peur. Nous avons vu l'araignée et notre cerveau nous a averti, par la peur, d'un danger imminent: nous sommes prêts à l'action.
Ce schéma peut être appliqué à toutes les émotions, et nous pouvons le résumer comme suit:

Stimulation de l'environnement

Réaction émotionnelle

Comportement

C'est un schéma très simplifié par rapport à tous les processus qui se déclenchent en réalité dans notre cerveau, cependant, il convient très bien aux fins de ce livre.
Reconnaître la colère, la joie, la tristesse, la peur est peut-être facile, mais nous vous demandons un effort supplémentaire. Il vous faut également enquêter sur ce qui vous a fait ressentir cette émotion. Apprenez à vous connaître.
Savoir ce qui déclenche une réaction émotionnelle vous permettra de la prédire et ainsi d'être en mesure d'ajuster le comportement qui en résulte.
Si vous ne savez pas comment faire, ne vous inquiétez pas. Nous avons pensé à des exercices et des activités pour vous exercer à reconnaître vos émotions et à les gérer.

Vous avez bien lu: les émotions peuvent être gérées, au moins en partie. C'est au travers du comportement que vous parviendrez à faire cela. Utilisons un exemple positif. Un sportif, lorsqu'il pratique sa discipline préférée, se sent bien. Imaginez que vous êtes une personne qui aime vraiment courir. A chaque fois que vous avez couru, dans votre vie, vous vous êtes senti heureux. Vous avez eu une journée particulièrement difficile au travail et vous êtes un peu frustré, déçu. Vous êtes assis sur votre chaise à regarder la télévision. C'est ce que vous faites quand vous vous sentez déprimé. Voici ce qui se passe:

Stimulation de l'environnement

(la journée difficile)

Réaction émotionnelle

(frustration et mauvaise humeur)

Comportement

(la télévision et le fauteuil)

Résultat
(maintien de la mauvaise humeur)

Pouvez-vous changer cela? Bien sûr! Vous pouvez intervenir sur votre comportement de manière à vous sentir mieux.

Stimulation de l'environnement
(la journée difficile)

Réaction émotionnelle
(frustration et mauvaise humeur)

Comportement
(sortir courir)

Résultat
(changement émotionnel)

Voici un autre exemple: cette fois, la colère.

Stimulation de l'environnement
(les accusations d'un collègue)

Réaction émotionnelle

(colère et agitation)

Comportement

(rougeur du visage et cris)

Résultat

(création d'un conflit)

Voici comment cela pourrait être modifié.

Stimulation de l'environnement

(les accusations d'un collègue)

Réaction émotionnelle

(colère et agitation)

Comportement

(communication efficace)

Résultat

(changement émotionnel)

Nous savons qu'énoncer des théories est simple, mais que la pratique est bien différente. Mais nous avons quelques conseils à vous donner.
Nous vous demandons de prêter attention à un détail. Comme vous l'avez vu dans les exemples précédents, notre objectif n'est pas de changer la réaction émotionnelle, mais plutôt votre comportement.
Les réactions émotionnelles nous donnent des informations précieuses sur la façon dont nous vivons le monde. Et il ne serait pas logique de les étouffer ou de les modifier, elles sont très utiles. Si cela vous dérange qu'un collègue rit fort dans le bureau, il y a une raison à cela. Lui balancer l’agrafeuse est un comportement excessif et il doit être contrôlé. Nous sommes sûrs que vous êtes d'accord avec nous.

La pratique

Nous avons pensé qu'un peu de pratique pour reconnaître et gérer vos émotions pourrait être utile à ce stade.
Ces indications sont la base pour construire votre sensibilité: elles sont vraiment simples, essayez-les.

Reconnaître les émotions

Dans cette première partie, nous vous présenterons quelques exercices utiles pour reconnaître vos émotions et les comportements que vous avez quand elles surviennent.

Le bloc-notes

Le but de cette activité est de noter et de faire une liste des émotions que vous ressentez pendant la journée. Il sera probablement difficile de toutes les mémoriser. Notez-en autant que possible.

Prenez une feuille de papier, ou créez un document sur votre ordinateur. Notez les émotions que vous éprouvez pendant la journée.

À côté de chacune d'elles, écrivez la chose ou la personne qui vous a fait ressentir cette émotion et cet état d'esprit. Quels comportements avez-vous eu? Ont-ils été adaptés à la situation? Marquez-les sur votre feuille.

Au fil des jours, vous aurez une liste mise à jour de vos émotions, de leurs causes et de vos comportements. Cette liste vous sera utile pour comprendre ce sur quoi vous devez travailler.

Ne vous jugez pas. Faites simplement une liste qui doit être la plus réaliste possible. Elle vous sera d'une grande aide.
Commencez dès le réveil. Comment vous êtes-vous réveillé? Votre humeur a-t-elle changé au cours de la journée? Qu'est-ce qui l'a fait changer?

L'arc-en-ciel

Comme nous l'avons dit, les émotions se manifestent de différentes manières et ne sont pas toujours simples à identifier. Elles ont des degrés d'intensité similaires aux nuances de couleurs. Pendant une journée, vous pourriez passer par un véritable arc-en-ciel émotionnel.
Une excellente idée pour être plus précis lorsque vous tentez de reconnaître les émotions, est d'élargir votre vocabulaire émotionnel.
Nous allons vous énumérer les principales émotions en détaillant leur intensité par ordre croissant.

Colère:

Bouleversement, déception, dépit, frustration, indignation, colère, fureur, furie, rage.

Tristesse:

Tristesse, nostalgie, mélancolie, déception, mauvaise humeur, méfiance, malheur, affliction, désespoir.

Joie:

Sécurité, tranquillité, détente, paix, contentement, plaisir, joie, délice, extase.

Confusion:

Curiosité, ambivalence, incertitude, perplexité, hésitation, doute, confusion, chaos.

Peur:

Tourment, alarme, nervosité, peur, anxiété, consternation, panique, terreur, phobie.

Honte:
Embarras, dégoût, culpabilité, remords, découragement, humiliation, mortification, violation, dégradation.

Lisez et faites vôtres ces nouvelles "étiquettes" pour décrire vos émotions. Approfondissez leur signification.
Le but de cet exercice est de reconnaître les émotions quand elles se présentent à vous. Assurez-vous que vous pouvez aussi les reconnaître quand elles se présentent chez les autres.

La minuterie
Nous savons que vos journées peuvent être très difficiles et que vous pouvez oublier de prêter attention à vos émotions, en particulier au début, lorsque vous n'êtes pas encore habitué à le faire.
Pour éviter d'oublier, programmer une minuterie sur votre téléphone (il existe de nombreuses applications qui peuvent vous être utiles) et assurez-vous que vous recevez

des notifications pendant la journée, par exemple cinq ou six.
Lorsque la minuterie sonne, vérifiez votre état émotionnel. Comment vous sentez-vous? Pourquoi vous sentez-vous ainsi? Les comportements que vous avez eus étaient-ils adéquats? Prenez note.
Si pendant votre travail, vous ne pouvez pas programmer de minuterie, faites-la sonner pendant vos pauses, lorsque vous pouvez prendre quelques instants pour vous-même.

La méditation

La méditation est un outil puissant pour regarder à l'intérieur de soi et comprendre comment nos esprits fonctionnent et savoir d'où viennent nos humeurs.
Ne vous laissez pas berner par les idées stéréotypées sur la méditation que vous avez pues entendre autour de vous: vous n'êtes pas obligé de vous asseoir sur un oreiller et de faire brûler de l'encens. Il existe de nombreuses formes de méditation: immobiles, ou alors en mouvement, liées à

l'art (comme la musique ou le dessin), ou à l'activité physique (avec par exemple la marche ou la course à pied). Il existe des types de méditation et de respiration visant à explorer votre être et à le mettre en contact avec les personnes qui l'entourent, qui vous entourent!
Apprenez et découvrez le type de méditation qui vous convient le mieux, vous ne pourrez plus vous en passer.

Gérer les émotions

Vous avez bien lu, les émotions peuvent être contrôlées. En effet, non seulement c'est possible, mais dans certains cas c'est nécessaire pour ne pas être submergé par les émotions elles-mêmes. Il existe deux façons de contrôler ses émotions : par le comportement et par la cognition.
Le cerveau évite les émotions qui sont éloignées de la physiologie du corps. Quand vous sentez que vous éprouvez une émotion qui est susceptible d'avoir des répercussions négatives, pensez à l'émotion que vous

devriez ressentir pour tirer le meilleur de cette situation. Comportez-vous en conséquence.
Si vous vous sentez fatigué, paresseux et que vous voulez avoir de l'énergie, commencez à bouger et vos émotions suivront votre comportement. Si vous êtes triste, faites quelque chose qui vous rend heureux.
Les émotions peuvent également être gérées par des pensées. Les pensées peuvent saboter notre esprit.
Votre supérieur vous donne un travail supplémentaire à faire. Dans ce cas, des pensées très différentes pourraient vous traverser l'esprit. Pourquoi vous a-t-il choisi pour faire ce travail supplémentaire? Peut-être qu'il veut ruiner votre vendredi soir, peut-être qu'il veut vous mener la vie dure, peut-être qu'il y a simplement beaucoup de travail à faire assez rapidement, peut-être qu'il vous fait confiance, c'est pourquoi il vous a choisi pour cette tâche importante. Votre réponse émotionnelle sera différente en fonction de ce que vous pensez. Parmi les

différentes pensées qui peuvent faire leur chemin dans votre esprit, il peut y avoir ce que nous appelons les pensées saboteuses. Ce type de pensées peut être délétère et ruiner complètement vos journées et votre vie en générant des émotions négatives. Tout ce que vous avez à faire est de remplacer ces pensées trompeuses et dangereuses par d'autres plus rationnelles. C'est tout. Votre vie est peut-être remplie de pensées et de croyances négatives. Ce que vous devez essayer de faire est de les identifier, de les éliminer et de les remplacer par des pensées rationnelles.

Voyons comment gérer certaines émotions qui sont susceptibles de gâcher vos journées.

Anxiété

Le sentiment d'anxiété provoque des situations de crise et tend à déformer la réalité. Se poser les bonnes questions est un moyen efficace de gérer l'anxiété.

Qu'est-il en train de se passer?

Que pourrait-il se passer?

Quelle est la probabilité que cela se produise?
Puis-je le contrôler?
Est-ce que je peux faire quelque chose?
Répondez à ces questions, analysez la réalité aussi précisément que possible.
À ce stade, vous comprendrez s'il est nécessaire de vous inquiéter ou non. S’il n'y a pas de raison de s'inquiéter, vous pouvez analyser la situation calmement et trouver les meilleures solutions.
Si possible, faites une liste des événements qui pourraient se produire et qui vous stressent. Pour chacun de ces événements, essayez de trouver une solution. Vous arriverez préparé et éprouverez moins d'anxiété à l'avenir.

Colère

Retardez vos réactions de colère autant que possible. Ce faisant, vous aurez plus de temps pour analyser et choisir la meilleure manière de vous comporter.

Identifiez les choses qui vous font enrager et essayez de les anticiper.
Faites quelque chose d'agréable ou de relaxant lorsque vous êtes en colère. Cela vous permettra de vous calmer rapidement.
La colère se présente souvent face à l'injustice. Cependant, les gens peuvent parfois avoir des comportements que vous seul percevez comme injuste. Analysez ce qui est bien ou mal pour vous et prenez du recul.
Choisissez soigneusement les moments qui valent la peine de se battre. Respirez et demandez-vous si ça vaut vraiment le coup.
Est-ce quelque chose qui nécessite vraiment un affrontement?

Honte et embarras

Les sentiments de honte et d'embarras vous permettent de comprendre que vous venez d'agir contre vos valeurs. Cette situation doit être prise en mains et, si vous devez vous excuser, faites-le.
Évaluez soigneusement ce qui s'est passé.
Êtes-vous vraiment celui que devrait

ressentir de la honte et de l'embarras? Vous pouvez vous retrouver dans des situations où vous n'avez rien fait, mais vous sentir coupable de quelque chose fait par d'autres personnes. Analysez bien la situation et évaluez si vous devez vraiment vous sentir coupable.

La honte et l'embarras surviennent lorsque des erreurs sont faites. Chaque erreur est une occasion d'apprendre et de grandir. Affrontez ces émotions et soyez conscient que vous pourrez faire un pas en avant chaque fois que vous les ressentez. Commencez à les voir d'une manière positive.

Si vous avez honte ou que vous êtes embarrassé de quelque chose qui s'est produit dans le passé, apprenez à accepter ce choix: il fait maintenant partie du passé. Il sera toujours présent, mais comme une partie de votre vécu, utile pour l'avenir.

Tristesse et frustration

Si vous éprouvez ces émotions, c'est que vous rencontrez très probablement une situation

qui vous prend beaucoup d'énergie. Faites des activités qui vous font vous sentir plein d'énergie et d'envie de vivre.
Autant que possible, éliminez toutes les activités qui vous font vous sentir frustré et triste.
En plus d'augmenter le temps que vous consacrez à l'activité physique, mangez sainement, prenez du temps pour vous-même, vivez en adéquation avec vos valeurs et surtout, remplacez les pensées saboteuses par des pensées rationnelles.
Si vous ne savez pas quoi faire, fiez-vous aux conseils d'un spécialiste, cela pourrait vous changer la vie!

Construire la positivité

Être une personne sensible signifie également transmettre une partie des émotions qui sont en vous. Lorsque vous faites preuve d'empathie envers une autre personne, il est inévitable de lui transmettre une partie de vos émotions.
Pour tirer le meilleur parti cette capacité et afin de communiquer avec empathie et de manière positive, vous devez être positif et riche en énergie positive.
Comment faire?

Construisez jour après jour des émotions positives pour vous-même. Soyez heureux! C'est simple, non?
Non, ça ne l'est pas. Beaucoup de gens n'ont pas la chance d'être heureux...
C'est faux! Il est possible d'être heureux du matin au soir, et nous vous expliquons comment faire.
Dans tous les cas, faites vôtre ce concept: une personne positive transmet des émotions positives. Cela vaut la peine d'essayer, vous ne pensez pas? C'est pour votre bien et pour celui de toutes les personnes qui vous entourent.
Puisque le bonheur est une émotion et que dans le chapitre précédent, nous avons vu comment gérer les émotions, mettons-nous au travail. Bien sûr, nous avons vu comment réguler les émotions potentiellement négatives grâce à des comportements et des pensées. Mais grâce à des stratégies similaires, nous pouvons aussi augmenter notre positivité.

Comment être plus positif

Voici quelques conseils utiles pour être plus positif au quotidien. Plus vous êtes heureux, plus vous serez sensible.

L'activité physique

Faire du sport permet au corps de se sentir mieux grâce à la production de substances endogènes. Nous n'allons pas entrer dans les détails, cependant, il est important d'inclure dans vos journées, une promenade, une petite course, ou d'autres exercices physiques. C'est à vous de décider de l'intensité. En pratiquant quotidiennement, vous progresserez de plus en plus.

Un passe-temps

Valorisez vos journées en choisissant une activité qui vous donne de la satisfaction. Jouez d'un instrument, dessinez, lisez, chantez... Tout ce que vous aimez faire vous permet de développer des énergies positives, des émotions positives que vous transmettrez en communicant avec d'autres personnes.

Un nouveau défi

Ajoutez des défis à vos activités. Pendant votre temps libre, au travail, dans tout ce que vous faites, fixez-vous des défis, recherchez le progrès, la croissance. Avoir des satisfactions vous fera vous sentir plus heureux, et les petits défis quotidiens sont idéaux pour cela. Recherchez ceux qui vous sont le plus adaptés, en fonction de vos préférences.
Si vous ne savez vraiment pas par où commencer, vous pouvez apprendre une nouvelle langue, ou essayer des jeux de société.

Supprimer la négativité

Enlever toutes les sources de négativité qui vous entourent est un excellent moyen de devenir plus positif et déterminé.
Utilisez la liste des émotions que vous tenez à jour, celle sur laquelle vous notez toutes les émotions que vous éprouvez, ainsi que leurs causes. Qu'est-ce qui vous rend heureux? Qu'est-ce qui vous rend triste? Qu'est-ce qui

vous enlève votre énergie positive? Qu'est-ce qui vous transmet de la négativité?
Eh bien, enlevez tout ce qui vous donne de la négativité, ou du moins, enlevez ce que vous pouvez, ce dont vous n'avez pas besoin.
Consacrez ce temps ainsi économisé à mener des activités qui vous donnent de l'énergie positive.

Valeurs et compétences

Faites une liste de vos valeurs et des compétences qui vous définissent. Pensez à la façon dont ces valeurs et compétences peuvent être utiles dans votre vie. Exploitez-vous pleinement votre potentiel?
Pensez aux occasions (dans le travail et la vie) au cours desquelles vous avez utilisé vos compétences et que vous avez été en adéquation ou non avec vos valeurs.
Pensez à comment vous pouvez vivre et travailler dans le respect de ces compétences et valeurs qui vous définissent. Vivre en adéquation avec vos valeurs vous permettra de vivre de manière harmonieuse et positive.

Une vie remplie d'optimisme

Essayez d'être optimiste. Nous ne parlons pas seulement de voir le verre à moitié plein. Une personne vraiment optimiste met en place des stratégies qui lui permettent de faire face différemment à l'échec.

Voici quelques idées intéressantes.

Faites de votre mieux pour analyser la situation objectivement. Il peut arriver de ne pas atteindre un objectif, mais vous pouvez essayer de nouveau. Cependant, vous devez accepter que le résultat négatif soit de votre responsabilité. Changez, améliorez les choses qui peuvent l'être, reprenez-vous et repartez du bon pied.

Le changement est possible et c'est à vous de le mettre en action. Lorsque vous aurez déterminé clairement ce qui a mal tourné, vous pourrez changer les choses, agir en conséquence et faire une autre tentative.

Adopter ce style de pensée vous permettra de faire face à l'échec, de mettre de côté les émotions négatives, d'entretenir la positivité et de retrouver votre cercle vertueux.

Penser positivement

Cette étape est également assez intuitive. Cependant, il n'est pas toujours évident de la mettre en pratique. Lorsque vous vous réveillez le matin, commencez tout de suite à réfléchir à la façon dont vous souhaitez que votre journée se déroule: pleine de positivité et d'énergie. Notez tout ce qui est positif autour de vous. Apprenez à apprécier tout ce que qu'il y a de bon et vous serez en mesure d'affronter vos journées avec le sourire. Vous pourrez alors transmettre ce sourire aux autres.

Un cercle vertueux

Lorsque vous serez en mesure de créer de la positivité dans votre vie, vous devrez maintenir cette positivité chaque fois que vous entrez en contact avec quelqu'un. La meilleure façon de le faire est de donner des feedbacks.

N'ayez pas peur de faire des commentaires positifs et constructifs aux gens qui vous entourent. Complimentez-les. Vous initierez un cercle vertueux de communication qui mènera à ce que d'autres personnes reconnaissent également votre travail. Ils vous féliciteront, votre confiance sera plus grande, ainsi que les émotions positives que vous ressentez et que vous pourrez transmettre.

Une personne précise

Ce que nous vous avons expliqué jusqu'à présent, est le chemin à parcourir pour être plus à l'écoute.
Avec les indications des pages précédentes, vous devriez être capable de reconnaître vos émotions, de les réguler, de prédire les comportements et les situations qui les génèrent, de gérer votre comportement et choisir lequel mettre en place pour ne pas vous laisser submerger par vos émotions.
Tels des marins expérimentés, vous naviguez

dorénavant sereinement sur la mer des émotions.

Mais ce n'est que la première étape. Le chemin pour devenir une personne sensible et empathique est long.

Communiquer avec empathie

Votre objectif est de retrouver la capacité d'écouter avec un intérêt actif, la ou les personnes devant vous. Pour écouter activement, vous devrez faire un effort, celui d'être intéressé. Vous devrez respecter l'autre personne et ce qu'elle a à offrir. Vous devrez être ouvert à ce qu'elle va vous dire et tolérant à l'égard de ses comportements et de ses attitudes. En ce qui concerne la communication, soyez conscient que comprendre est aussi important qu'être compris. Ecouter est aussi important qu'être entendu. S'intéresser à quelqu'un est aussi important que de recevoir de l'intérêt. Les idées des autres ont la même valeur que les vôtres et le respect doit toujours être présent dans les communications. En communiquant de cette façon, vous serez empathique, ouvert.

Être tolérant est un autre aspect fondamental de la communication empathique. Rappelez-vous toujours qu'en face de vous, il peut y avoir une personne qui n'est pas encore capable de communiquer avec empathie, ou de gérer ses émotions et son comportement. Ce sera à vous d'être tolérant et de comprendre son point de vue. Faites-en sorte qu'elle aussi se mette à communiquer avec empathie.

Ce qu'il faut éviter

D'ici, nous ne pouvons pas vous dire à quoi ressemble votre façon de communiquer. Pour cette raison, nous souhaitons, tout d'abord, vous indiquer les comportements à éviter pour pouvoir interagir avec une personne de manière ouverte et collaborative. Si vous avez ce genre de comportements, arrêtez immédiatement: c'est la première étape à suivre.

Critiquer

Donner des jugements négatifs ne servira qu'à mettre la personne sur la défensive, à ancrer encore plus ses croyances si elles sont douteuses, et à l'offenser si elle a tort.

Utiliser des stéréotypes

Les stéréotypes rabaissent ou classent les personnes en fonction de leurs caractéristiques. C'est une façon très superficielle de communiquer, elle peut conduire à des conflits très graves.

Sous-estimer la personne

Juger une personne et lui faire sentir son infériorité est clairement très désagréable. Pensez à ce que vous ressentiriez si quelqu'un avait ce comportement envers vous: vous ne seriez sûrement pas très content.

Exagérer avec les compliments

Même exagérer avec des compliments peut éroder la conversation, faire perdre de la crédibilité à votre discours et faire croire à la personne en face de vous que, jusqu'à présent, elle n'était pas à la hauteur.

Donner des ordres

Au quotidien, en particulier au travail et à la maison, il y a des choses à faire, des tâches à accomplir. Cependant, donner des ordres est une attitude à proscrire. À long terme, cela peut avoir des effets imprévisibles, même très lourds.

Menacer

La menace elle-même est un acte ridicule, mais les réactions qu'elle peut provoquer chez l'autre peuvent être, encore une fois, très imprévisibles. Vous courez le risque de blesser et d'intimider l'autre personne, mais aussi de lui faire adopter un comportement vindicatif et violent.

Parler avec le recul

Dire à une personne ce qu'elle aurait dû faire après que quelque chose se soit produit, n'est d'aucun secours. Tout ce que vous obtiendrez, c'est de souligner l'erreur commise par la personne.

Poser trop de questions

Être curieux et intéressé, c'est une chose. Mais si vous exagérez, vous courez le risque d'être intrusif et irrespectueux.

Donner des solutions

Il est peu probable que vous connaissiez tout de la personne à qui vous parlez. Lui dire ce qu'elle devrait faire peut s'avérer très pénible. Communiquer avec empathie ne signifie pas tout savoir d'une personne et faire des choix à sa place. Ceci s'appelle de l'arrogance.

Ignorer les problèmes des autres

Vous êtes peut-être simplement distrait, mais en agissant ainsi, vous rabaissez l'autre personne et ses problèmes. Être ignoré quand on parle est très frustrant. Si une personne expose ses problèmes et que vous les ignorez, vous courez le risque de la blesser.

Faire appel à la logique

Faire appel à la logique semble une idée sage, cependant, ne pas considérer les émotions des gens est une erreur grave. Vous faites passer l'autre pour une personne incapable d'analyser la réalité et d'utiliser la logique pour résoudre ses problèmes: plutôt frustrant, ne trouvez-vous pas?

Rassurer

Même essayer d'empêcher une personne de ressentir ses propres émotions négatives peut aggraver la situation. Rassurer une personne souligne l'événement négatif qui s'est produit, attire l'attention sur le passé et rend plus difficile de tourner la page.

Vous avez probablement utilisé ces formes de communication dans le passé. Ne vous blâmez pas. Quand les émotions prennent le dessus, il devient difficile de communiquer de manière adéquate. Cependant, vous avez maintenant quelques outils pour les gérer. Mettez ces techniques en pratique.

Cultiver l'ouverture

Rappelez-vous: une personne sensible et empathique est capable de communiquer de manière ouverte et active. Qu'est-ce que ça signifie précisément?

Tout est lié à l'attention que vous donnez à l'autre personne. Quand quelqu'un vous parle, il s'ouvre, exprime ses sentiments, ses émotions, ses idées et tout cela mérite le respect et l'attention. C'est la véritable base de la communication empathique.

Écoutez attentivement les mots qui sont prononcés, évitez les modes de communication que nous avons décrits précédemment, mais surtout, focalisez votre énergie et votre attention sur ce que l'on vous dit, verbalement et non. Le langage corporel d'une personne doit également être traité comme une source précieuse d'informations pour la communication.

Les obstacles à la communication

En plus des différentes formes de communication qui ne sont pas empathiques et qui peuvent créer des dommages émotionnels, il y a aussi des barrières inhérentes au comportement des interlocuteurs, qui peuvent rendre la communication inefficace, frustrante et pas très empathique. Ce sont des obstacles à la communication.

Soyez tranquille. Même si ces obstacles surgissent continuellement pendant un discours, ou en général lors des conversations, votre super-pouvoir empathique vous permettra de les surmonter agilement.

Barrières linguistiques

Les mots peuvent avoir des significations différentes d'une personne à l'autre. Non, nous ne parlons pas de mots tels que “eau” ou "café." Nous nous référons aux descriptions d'événements et d'humeurs qui peuvent être interprétées de manière ambiguë. Par exemple, lorsqu’une personne vient vers vous et vous dit qu'elle se sent mal. Pour le moment, il vous est difficile de comprendre ce qui ne va pas. Et pourtant elle se sent mal et vous devez faire quelque chose. Laissez-nous vous donner un autre exemple.

Imaginez que vous avez un rendez-vous, un dîner pour lequel vous avez réservé une table à 20h30. Il est 20h00, il est temps de se mettre en route, sinon vous serez en retard. Et pourtant, votre compagne est encore en train de se préparer, elle ne semble pas inquiète. Votre notion du "retard" est différente de la sienne. Il y a le risque que l'obstacle communicatif caractérisé par la différence d'interprêtation du mot "retard" crée un conflit et gâche la soirée! Pour vous, 30 minutes, c'est peu. Pour l'autre personne, c'est beaucoup: même quelque chose d'objectif, comme un certain laps de temps, peut avoir des significations différentes d'une personne à l'autre. On ne peut pas s'organiser comme ça!

Ne vous inquiétez pas, la communication empathique vous aidera.

En communiquant de manière empathique, vous pouvez exprimer votre préoccupation sans vous laisser submerger par l'anxiété qui vous envahit à cause du possible retard. Et vice versa. Vous pouvez rassurer quelqu'un qui est terrifié d'arriver en retard.

Ce ne sont que quelques exemples. Nous sommes sûrs que beaucoup d'autres cas vous viennent à l'esprit, beaucoup se produisent chaque jour dans votre vie.

L'empathie vous permet de clarifier certaines significations, en communiquant efficacement.

Le sens caché

La communication est principalement utilisée pour transmettre des informations d'une personne à l'autre. Cependant, votre

interlocuteur ne veut pas toujours tout vous dire.
Il peut arriver que le vrai sens des mots soit masqué ou renvoyé au second plan.
Imaginez que vous rencontrez un ami que vous n'avez pas vu depuis longtemps. Vous approchez déterminé, heureux de le revoir et il vous salue d'une manière affectueuse. Il vous demande comment vous allez, vous répondez et vous lui poser la même question. Il vous dit que tout va bien. Cependant, de temps en temps, vous vous apercevez qu'il regarde autour de lui, tapotant ses doigts sur son téléphone. Ce sont des signes de nervosité.
Vous aimeriez probablement continuer à parler, savoir comment il va, insatisfait de sa première réponse. Mais que vous dit son comportement, même s'il est à peine lisible? Il signale l'inconfort. Que se passe-t-il? Comment êtes-vous censé vous comporter? Nous ne pouvons pas vous le dire: cela dépend du degré d'amitié que vous avez avec cette personne et de mille autres facteurs. En

tout cas, ce que nous voulons souligner est l'importance de lire le comportement de la personne en face de vous et de faire attention aux dissonances dans son discours. Dans certains contextes, cet aspect est très important.
Faites toujours attention à tous les aspects de la communication.

Ici et maintenant

Lorsque vous parlez à quelqu'un, l'environnement peut être un obstacle majeur à prendre en considération, pour plus d'une raison.
Bien sûr, cela dépend beaucoup du type de discours que vous devez affronter. Si vous avez besoin de parler à quelqu'un d'un sujet très sensible, choisissez un lieu et une heure de la journée appropriés pour la conversation. Pour une discussion plus circonstancielle, le lieu adéquat est plus facile à trouver. Mais ne sous-estimez pas cet aspect environnemental, même pour des discours qui semblent frivoles.

Rappelez-vous que si vous décidez de communiquer avec empathie avec une personne, vous devrez y consacrer toute votre attention: les endroits chaotiques et bondés ne sont pas idéaux.
Le risque est de rester sur un discours superficiel, dépourvu de profondeur. Des conversations de comptoir de ce genre même si elles sont très longues et semblent vous avoir rapproché de la personne, ne vous permettront pas de la connaître en profondeur. Les sujets abordés pourraient être loin des problèmes réels, des thèmes qui devaient être abordés.
Choisissez le bon moment de la journée, lorsque vous et votre interlocuteur êtes plus disponibles, lorsque vous avez du temps à consacrer à la communication. Pensez à un endroit qui peut vous offrir de la tranquillité et dans lequel vous vous sentirez à l'aise.
Soyez conscient de vos émotions, de vos comportements et de ceux de votre interlocuteur. Communiquez avec empathie

et abordez le vrai sujet délicat dont vous souhaitez parler.

La charge émotionnelle

Si vous parlez à une personne de manière empathique, vous aurez probablement une discussion pertinente. D'un côté, il y a vous, qui vous exercez à l'empathie. Mais de l'autre côté? Vous pourriez vous retrouver en face d'une personne incapable de gérer le fardeau émotionnel qu'elle éprouve. Elle pourrait se laisser submerger par sa charge émotionnelle.

Ce sera donc à vous de mener la conversation. Imaginez la confrontation avec l'autre personne comme un voyage: si l'un des deux se perd, l'autre doit agir comme un guide, qui l'aidera à retrouver le bon chemin. C'est exactement votre tâche.

Identifiez les émotions que la personne devant vous éprouve. Quels sont ses comportements? Quelle émotion serait-il préférable qu'elle ressente? Mettez en pratique tout ce que vous avez appris et qui pourrait faire évoluer cette situation.

Par exemple, une personne en face de vous peut ressentir beaucoup d'anxiété. Faites ce

que vous feriez pour sortir vous-même de cet état. Parlez-lui, évaluez ensemble les différents scénarios possibles qui pourraient se produire. Demandez-lui si vous pouvez l'aider et recherchez avec elle des stratégies. Gérez cette émotion ensemble.
Vous pouvez mettre en place les stratégies dont nous vous avons parlé pour gérer les principales émotions qui peuvent nuire à une conversation.

Les modèles mentaux

Lorsqu'ils communiquent, les gens utilisent des modèles mentaux pour rendre la communication plus rapide, fluide. Mais ces modèles ne sont pas toujours précis.
Imaginez-les comme une sorte de fast food. Ils sont très utiles lorsque vous avez peu de temps et que vous devez manger quelque chose. Ils sont peu chers, mais si vous devez sortir dîner, ce n'est pas votre premier choix. Au niveau de la communication, il se produit quelque chose d'assez similaire. Souvent, les gens manquent de temps et d'intérêt pour

communiquer. Ils choisissent des modèles et des raccourcis de communication, qui peuvent déformer la réalité et rendre la communication moins efficace, moins active. Evitez ces modèles et assurez-vous de ne pas vous retrouver dans ce genre de conversations. Comment faire? Choisissez, tout d'abord, le bon moment et le bon endroit pour parler, bien que cela ne supprime pas complètement ces formes de communication sujettes à déformation.

Si le lieu ou l'heure ne sont pas appropriés, reportez la discussion ou cherchez un meilleur endroit pour parler.

Si vous êtes dans un endroit idéal et à un moment idéal, posez des questions pour voir si vous avez bien compris la situation.

Répétez avec vos propres mots (empathiques) ce que la personne vient de vous dire, pour lui demander si vous avez bien compris.

Vous démontrerez ainsi de l'intérêt pour votre interlocuteur et la conversation deviendra plus profonde et exempte de raccourcis et d'obstacles de communication.

De la théorie à la pratique

Jusqu'à présent, nous nous sommes concentrés sur la théorie et ce qu'il vaut mieux éviter de faire si vous essayez de communiquer avec empathie.
Il est temps de passer à l'action.
Tout d'abord (nous n'arrêterons jamais de le répéter), vous devez acquérir un très bon contrôle sur votre propre état émotionnel.
Quelles émotions ressentez-vous? Pourquoi?
Quel genre de comportement allez-vous adopter? Sont-ils adéquats?
Répondez à ces questions et faites la même analyse pour la personne en face de vous. Se comporte-t-il correctement? Est-il submergé

par ses émotions? Quelle émotion pourrait-il ressentir à ce moment précis? Quels signaux me permettent de comprendre cela?

Lorsque vous avez tous ces éléments à votre disposition, il est temps de commencer à communiquer avec empathie. Comment faire? Chaque situation est différente et il n'y a pas de route bien tracée pour mener une conversation empathique. Chaque discours, chaque discussion, chaque conversation vous place devant un panorama totalement imprévisible. Vous pouvez vous retrouver devant une personne furieuse, inquiète, ou éprouvant un excès de joie infondée, pour quelque chose qui n'arrivera pas...qui peut le dire. Dans tous les cas, il existe des comportements qui peuvent être utilisés au bon moment, dans les bonnes conditions, pour initier et mener une communication adéquate.

Accueillir la personne

On dit de ceux qui commencent bien, qu'ils ont déjà fait la moitié du boulot. Cela est également vrai pour la communication empathique. Lorsque vous êtes sur le point de commencer une conversation avec quelqu'un, faites-lui un compliment sincère. Attention! Nous ne parlons pas de mettre en scène une farce dans laquel vous essayez d'embobiner votre interlocuteur. Mieux vaut garder le silence que de dire quelque chose que vous ne pensez pas. Le jugement positif que vous donnerez à la personne devra être spontané.

Comme nous l'avons déjà mentionné dans les comportements à éviter, n'exagérez pas, vous perdrez votre crédibilité dès le début. Une excellente façon de maintenir une attitude positive envers une personne est de penser, sans nécessairement l'exprimer par des mots, à ses aspects positifs. Cette sagesse vous aidera à maintenir une attitude positive envers l'interlocuteur sans être excessif ou déplacé.

Evidemment, gardez toujours en mémoire qu'il faut parler au bon endroit et au bon moment. Si cela n'est pas possible, envisagez

ensemble la possibilité de continuer ailleurs ou à un autre moment.
Assurez-vous que vous êtes tout les deux à l'aise.

Poursuivre ensemble

Lorsque vous aurez réussi à mettre en place une conversation empathique, portez-la de manière positive. Soyez attentif à tous les aspects communicatifs de la personne en face de vous. Donnez des feedbacks positifs lorsque vous pensez vraiment que ce que la personne a fait est positif. Valorisez ses idées et ses forces.
Un excellent moyen de maintenir la positivité dans la conversation, est de souligner les points forts et de suggérer un comportement approprié (opération extrêmement délicate) en rappelant à la personne, un moment dans le passé où elle aurait agi de la meilleure des façons.
En cela, vous lui rappellerez qu'elle est une personne positive et capable. Si elle l'a déjà fait, elle pourra le faire de nouveau. Elle se

sentira ainsi à la hauteur de la situation.
Cela fera ressortir en elle des émotions très positives.
Si vous ne connaissez pas d'événements passés appropriés, demandez-lui son avis, demandez-lui si elle a une idée. Vous donnerez de la valeur aux opinions de la personne, à ses points de vue et à ses capacités. Vous lui donnerez l'importance qu'elle mérite. Rappelez-vous toujours de ne pas poser trop de questions afin de ne pas être intrusif.

Allez dans la même direction

Quel que soit votre interlocuteur, et la raison de votre conversation, essayez de trouver un objectif commun. Dans quelle direction allez-vous? Qu'est-ce qui est important pour tout le monde? Cela pourrait être un engagement au travail, un objectif de cohabitation familiale, une idée entre amis, une réconciliation... Assurez-vous que la communication et les émotions de chacun

soient orientés vers la positivité de l'objectif défini ensemble.
Si l'objectif n'est pas clair pour la personne en face de vous, expliquez-lui ouvertement. Expliquez que votre intention est d'atteindre, ensemble, un objectif important. Par exemple, si vous voulez résoudre un conflit, dites-le.
Faites émerger les problèmes de manière naturelle, demandez des conseils, des points de vue, des idées et valorisez-les. Rechercher ensemble les solutions à un problème peut être très stimulant. Et si cela est fait de manière empathique, cela pourra renforcer la relation que vous avez avec cette personne.
Jusqu'à présent, nous sommes partis de l'exemple d'une conversation idéale, calme. Cependant, il peut y avoir des moments de colère, d'anxiété, de frustration. Rappelez-vous que la gestion de vos comportements ne suffit pas: vous devrez être capable de tolérer les comportements des autres afin de continuer et d'aller de l'avant pour communiquer avec empathie. Parfois, votre

patience sera mise à rude épreuve. Vous devrez mettre en place des stratégies pour contrôler vos émotions et celles de la personne en face de vous. Nous vous aiderons dans cette étape. Rassurez-vous.

Se dire au revoir

À la fin de votre conversation, ne sous-estimez pas le moment de dire au revoir. Avant de vous séparer de la personne avec qui vous avez parlé, soulignez à quel point la conversation que vous venez d'avoir a été agréable pour vous.
Vous laisserez ainsi une note positive, même à la fin, qui sera bénéfique lors de votre prochaine rencontre.

Exercer la communication

Pour devenir vraiment bon dans quelque chose, il faut beaucoup de pratique. Si vous vous demandez comment vous pouvez pratiquer et exercer l'empathie dans un environnement, disons... contrôlé, vous vous posez la bonne question.

La réponse est très simple.

Pratiquez à chaque fois que vous le pouvez. A chaque fois que vous parlez à quelqu'un. En outre, trouvez une personne, un ami ou un membre de votre famille avec qui vous pourrez faire des essais, des sketchs. Vous avez bien lu: mettez en scène des conversations pour exercer la communication empathique et tout ce que vous avez appris jusqu'à présent.

Il est important de beaucoup pratiquer!

Commencez avec les gens que vous connaissez le mieux. Habituez-vous à écouter avec empathie, en prêtant attention aux expériences, aux émotions, aux comportements et aux idées.

Posez des questions comme celles-ci:

- Est-ce que j'ai bien compris si je dis que....
- Dis-m'en plus
- En quoi puis-je t'être utile?
- Tu veux savoir ce que j'en pense?

- Est-ce que tu voudrais que je te donne mon avis?
- Que penses-tu que tu devrais faire?
- Que te dit ton intuition?
-

Réfléchissez aux résultats de la conversation qui a eu lieu.
Demandez-vous:

- Votre écoute a-t-elle été utile à la personne avec qui vous avez parlé? Comment?
- L'écoute empathique a-t-elle permis que la situation ne s'aggrave pas?
- L'écoute empathique a-t-elle amélioré la conversation?
- Avez-vous réussi à créer une connexion avec l'autre personne?
- Quels autres avantages avez-vous été en mesure d'obtenir avec l'écoute empathique?

Continuez à pratiquer et à valoriser votre aptitude à communiquer avec empathie.

Vous vous rendrez compte que peu de gens en sont capables.

Une personne ouverte

Dans ces pages, nous vous avons montré comment être une personne précise, puis comment être une personne ouverte, attentive aux émotions de l'autre, engagée à écouter de manière active, prête à investir son énergie dans une interaction complètement bidirectionnelle, dans laquelle les idées, les humeurs, les émotions de tous les participants sont mis en valeur.

En tant que personne ouverte, vous êtes également capable de reconnaître la cause des comportements des personnes à qui vous parlez. Vous êtes capable de tolérer et de poursuivre un objectif commun de collaboration et de croissance.

Vous pouvez en être fier et passer à l'étape suivante.

Comprendre les gens en un regard

Nous souhaitons répéter ce message: les émotions que vous ressentez ont une raison et une utilité.
Quand nous parlons d'empathie et de communication empathique, nous parlons d'un moment de compréhension et d'ouverture aux émotions des autres. Cela ne signifie pas que ce que vous ressentez est mauvais, superflu ou autre chose. Ce sont vos émotions et elles doivent être respectées:

si elles sont présentes, c'est qu'il y a une raison.

Dans un cadre empathique idéal, en particulier dans la communication, il y a deux personnes avec des émotions, des idées et des points de vue différents qui conversent et interagissent avec attention et respect l'une envers l'autre.

Si vous faites prévaloir vos émotions, vous avez, d'une certaine façon, exagéré. Vous n'avez pas exercé un contrôle précis sur elles et vous pourriez ruiner la conversation avec l'autre personne. De la même manière, si les émotions de l'autre font leur chemin à l'intérieur de vous, vous risquez de vous laisser submerger et ne retirerez rien de bon de cette situation. En fait, vous risquez même d'en souffrir. En ce sens, cet exemple frappant pourra aider.

Imaginez être à la maison. Vous préparez quelque chose de chaud et vous entendez un cri venant de la salle de bain.

Dans ce cas, même sans le vouloir et sans en avoir pleinement conscience, vous commencez un "dialogue", une interaction avec l'autre personne. Dans cet exemple, votre bien-aimé.

Vous êtes extrêmement inquiet par ce cri et vous vous précipitez pour voir ce qu'il se passe. De l'eau continue de couler en abondance du robinet de la baignoire, éclaboussant toute la salle de bain. Vous ne réussissez pas à arrêter le jet, même en fermant le robinet, l'eau continue de couler... Il semble y avoir une fuite, que s'est-il passé? Vous commencez à perdre patience. Votre inquiétude se transforme en colère.

D'autre part, votre ami est passé d'un état de peur à cause de ce jet d'eau incontrôlable à un état de culpabilité lié au dommage qu'elle a involontairement causé.

Stop!

Nous arrêtons la scène à ce moment précis. Figeons les gouttelettes en l'air, votre visage rouge de colère et celui de votre moitié dont les yeux sont rivés sur le sol sous l'emprise de la culpabilité.

Que faire?

Évidemment, nous exagérons un peu la situation (non?), c'est pour l'exemple.

Il y a trois options:

- Vos émotions prennent le dessus sur l'autre personne. Dans ce cas, votre réaction de colère pourrait créer une émotion similaire chez la personne en face de vous. Cela pourrait conduire à des cris, vous pourriez même vous lancer des choses (nous exagérons un peu) et en attendant, l'eau continuerait à couler, inondant la salle de bain.
  Ce ne serait pas génial, que ce soit pour votre relation ou pour le sol de la salle de bain.
- Les émotions de l'autre personne font leur chemin en vous. En voyant votre moitié se sentir coupable et effrayé, vous vous sentez vous-même coupable de vous être mis en colère. Bientôt, vous vous étreignez et vous vous

excusez mutuellement, l'un pour le robinet, l'autre pour la colère, tandis que l'eau sortant du robinet cassé mouille votre visage autant que vos larmes. Très romantique, mais également inutile ! (nous romançons bien sûr pour rendre l'exemple plus vivant...).

L'étape qui doit être soulignée, dans ce cas, est la transmission des émotions de l'autre personne à vous.

- Dans la troisième hypothèse, vous reconnaissez l'inquiétude et la colère que vous ressentez et vous les contrôlez. Vous savez que s'énerver ne serait d'aucune aide et vous focalisez votre attention sur la solution au problème de fuite, évitant ainsi de vous fâcher avec la personne que vous aimez. Vous cherchez une solution au problème.

  Votre douce moitié, inquiète, mais non submergée par la culpabilité, prend une grande serviette et l'attache

> autour du robinet. L'eau coule lentement dans la baignoire, sans inonder toute la salle de bain. Vous décrochez le téléphone et appelez un plombier. Ensemble, vous vous mettez à éponger l'eau dans la pièce.

Ce bref exemple montre ce qu'est vraiment l'empathie. Si vous ne savez pas contrôler vos émotions, vous provoquerez des réactions imprévisibles chez ceux qui vous entourent. Dans le même temps, en étant excessivement tolérant et ouvert, vous courez le risque de vous laisser submerger par les émotions des autres, de vous enliser dans leurs humeurs, ce qui ne résoudra pas le problème.
Relisez le troisième scénario. Vous remarquez quelque chose? Réessayez.
Personne n'a dit un mot (sauf pour téléphoner au plombier). La communication a-t-elle eu lieu de manière empathique?
Bien sûr!
Il n'est pas nécessaire de déverser des flots de paroles pour communiquer avec empathie

et respecter les sentiments et les émotions de l'autre personne. Au contraire, parfois, ce n'est même pas nécessaire: un regard suffit pour se comprendre.

Caractéristiques de la conscience

L'exemple ci-dessus illustre clairement comment la conscience peut faire une différence. Une personne vraiment sensible, capable de communiquer avec empathie, est consciente de beaucoup de choses.

Conscience de soi

Nous avons déjà longuement parlé de ce type de conscience. Reconnaitre les émotions que vous ressentez, savoir ce qui les génère et anticiper les comportements qu'elles peuvent induire est fondamental pour l'empathie.
Dans le troisième scénario de l'exemple ci-dessus, vous étiez préoccupé par le cri. C'est cette émotion qui vous a donné les informations utiles et grâce auxquelles vous avez couru à la salle de bain. C'est la prise de

conscience d'une situation éventuellement dangereuse qui vous a incité à agir.
Voyant que rien de dangereux n'était arrivé à la personne que vous aimez, la préoccupation a cédé la place à une autre émotion. L'état déclenchant la préoccupation a des caractéristiques qui peuvent être similaires à celui déclenchant la colère. Il peut arriver que ces émotions se donnent le change (simplifions un peu les choses). Être conscient de la futilité des réactions de colère vous a permis d'agir directement en focalisant votre attention sur le vrai problème, même si la solution ne tombe pas immédiatement du ciel.
Ce faisant, vous avez fait en sorte que la personne avec vous ne soit pas submergée par la culpabilité ou la colère (absente grâce à votre contrôle). Son esprit est resté conscient du vrai problème, ce qui lui a permis de trouver une solution. Même si aucun mot n'a été prononcé, vous avez fait un travail d'équipe.

Conscience de l'autre

Cela nous amène au deuxième type de conscience qu'une personne sensible doit avoir. La conscience de l'autre.

Une personne sensible, capable d'aider vraiment son prochain, est capable de comprendre que les émotions de l'autre personne ne sont pas les siennes. La tristesse, la colère, la frustration, la joie et toutes les émotions qu'une personne éprouve, appartiennent à celui qui les éprouve.

Une personne sensible est capable de les lire avec précision, de comprendre d'où elles viennent et d'agir en conséquence sans se laisser submerger. Cette capacité est la conscience de la différence entre ses propres émotions et les émotions de l'autre personne.

Revenons à notre exemple, le troisième scénario, celui qui est positif. Vous êtes conscient d'être passé d'un état de préoccupation à un état de colère. La personne en face de vous était inquiète. Cette préoccupation ne vous a pas atteint. Dans votre tête, c'était le cri et les conséquences possibles qui étaient inquiétants. Un robinet cassé, ce n'est rien. Et votre préoccupation s'est vite évanouie en voyant l'absence de danger.

En étant conscient des préoccupations de l'autre personne, vous permettez à ces émotions de passer leur chemin, chez l'autre personne également. Comment? Avec l'action. Votre conscience du problème a aussi permis à votre amoureux d'être moins inquiet, se concentrant ainsi sur le vrai problème, le robinet.

Conscience de l'objectif

Cela nous amène à la troisième sorte de conscience, celle liée à l'objectif. Ce sera votre plus grande force.

Les émotions ne sont pas faciles à gérer et il faut du temps pour en être capable, pour devenir empathique. Bien sûr, nous vous avons fourni des exercices. Mais peut-être ne seront-ils pas suffisants. Ce dont vous avez vraiment besoin, est la conscience de l'objectif. C'est comme une lumière que vous devez toujours avoir avec vous. Le phare qui vous indiquera la direction dans le tourbillon de vos émotions et de celles des autres. L'aiguille qui pointera le nord.

La force que vous pouvez tirer de ce type de conscience est vraiment intense et vous permettra de surmonter des étapes qui semblent insurmontables, sur le plan de l'empathie, de la communication et des relations.

Vous avez avant tout besoin de connaître l'objectif, sinon vous serez perdu.

Revenons à l'exemple. En arrivant dans la salle de bain, un élément a immédiatement fait la différence. Le robinet cassé.

Lorsque vous avez entendu le cri, votre but était d'aider votre bien-aimé. Toutefois, en arrivant dans la salle de bain, vous avez réalisé qu'il n'était plus nécessaire de vous inquiéter. Vous avez maintenu la conscience de l'objectif, mais l'objectif s'est transformé: il s'agissait dorénavant d'arrêter la fuite du robinet.

La personne avec vous dans la pièce a suivi un cheminement similaire. Son premier objectif était d'attirer votre attention et elle l'a obtenu en criant. Puis, son objectif était de prévoir votre réaction, c'est pourquoi elle était inquiète. Mais vous n'avez pas paniqué. Sans dire un mot, vous avez clarifié l'objectif commun: fixer le robinet.
Avec un objectif commun, il est simple de contrôler ses émotions, de travailler en équipe et de résoudre les problèmes.

Entre confrontation et conflit

Dans l'exemple, comme dans les contes de fées, tout fonctionne pour le mieux et l'interaction est idéale. Cependant, nous sommes conscients que, dans la vie, c'est très différent. Surtout lorsqu'il n'est pas immédiatement possible de communiquer de manière empathique. Comme nous l'avons dit, vous aurez besoin de temps pour vous entraîner. Et en attendant?
Lisez ce livre, pratiquez et réfléchissez à la façon de gérer le conflit.

La confrontation, et non le conflit, est un élément de la vie quotidienne, et comme les émotions, elle a une fonction et une signification sociale. L'éliminer n'est pas utile. La confrontation doit simplement être gérée.
Si plusieurs personnes, qui ont des points de vue et des émotions très différentes, se retrouvent à discuter ensemble, cela crée une confrontation. Eh bien, l'important est de la mener de manière adéquate, pour éviter qu'elle ne se transforme en un conflit. Les conflits peuvent évidemment aussi être gérés, puis transformés en confrontation.

La confrontation émotionnelle

Chaque individu est unique et pour cette raison, l'absence de confrontations est impensable. Toutefois, les conflits peuvent, quant à eux, nuire aux relations et dégénérer.
Habituellement, les confrontations surviennent à cause des différences personnelles, des différences de perception

de la réalité et des intérêts. Lorsque des confrontations de ce type se produisent, des opportunités de croissance, de réussite, d'innovation et de créativité apparaissent souvent également. Si dans la gestion de ces événements, on utilise l'empathie, on parvient toujours à trouver une issue, productive ou du moins sans conséquences. Mais il existe aussi des confrontations émotionnelles.

Cette confrontation survient lorsqu'une personne n'est pas à la hauteur des attentes que l'on avait d'elle. Dans ce cas, les émotions négatives peuvent se propager et sont susceptibles de créer des conflits.

Si la confrontation reste au niveau des intérêts, il est facile de comprendre le point de vue de l'autre. Il veut gagner. Mais les émotions sont beaucoup plus difficiles à comprendre, même pour nous-même.

Si les confrontations émotionnelles ne sont pas traitées de la meilleure façon et le plus tôt possible, elles peuvent vraiment nuire aux relations.

Malheureusement, c'est l'un des types de confrontations les plus communs. Il s'agit d'une déception, perçue comme une forme d'injustice, qui conduit souvent à la colère et à d'autres émotions capables de prendre le dessus. Les gens voient souvent leurs attentes et leurs émotions comme quelque chose d'universel, comme quelque chose qui ne peut pas être trahi ou être différent chez les autres.
Si pour vous, il est préoccupant de voir un enfant tomber de vélo, sachez que d'autres personnes peuvent trouver ça amusant.
Un conflit généré par ce type de divergence sur le plan émotionnel, peut rapidement conduire à la colère, qui sera souvent explosive, et mettra tout le monde sur la défensive.
D'autre part, certaines personnes réagissent à la trahison de leurs attentes et de leurs émotions différemment. Cela produit en elles une baisse de leurs sentiments de joie, d'intérêt, de connexion, d'amitié, de passion, d'optimisme. Les émotions positives

s'éteignent et laissent place à la tristesse et au ressentiment. Le conflit a tendance à ne pas se manifester et à rester modéré. Ce qui change est la façon dont ces gens se comportent: ils se renferment.
Dans les deux cas, le retour à un climat favorable à la collaboration est très complexe.
Lorsque les émotions de déception, de ressentiment et de colère commencent à se répandre, il faut compter sur toute l'intelligence émotionnelle que l'on possède pour en sortir.
La première chose à faire est de gérer vos émotions par rapport au conflit: il est difficile de résoudre une divergence si vous êtes justement la personne la plus impliquée et sous l'emprise des émotions.
Vous devez être prêt à gérer les conflits.
Demandez à la personne qui éprouve de la colère d'activer la conscience de ses émotions. Souvent, les conflits émotionnels restent non résolus parce que ceux qui sont en colère s'attendent à trouver immédiatement de l'empathie, des excuses et

de la sensibilité de la part de l'autre. La clé pour résoudre ce genre de conflits est de faire prendre conscience de leurs émotions à ceux qui les vivent. En ce sens, la prise de conscience de ses émotions est le début de la gestion des conflits.

Les personnes impliquées dans le conflit doivent réguler les émotions qu'elles ressentent envers les autres.
Si elles ressentent de la déception, de la colère, du ressentiment envers ces personnes, elles doivent être conscientes que les émotions qu'elles ressentent sont de leur responsabilité.
Il est important de ne pas minimiser ou ignorer leurs sentiments de déception.
L'utilisation de la conscience de ses émotions peut être utile pour identifier les comportements qui provoquent la réaction émotive: une information très utile.
La bonne nouvelle concernant le ressentiment, est qu'il s'agit d'un sentiment qui grandit lentement, ce qui vous permet

d'en identifier la cause au bon moment, contrairement à la colère. Cependant, le ressentiment est aussi facile à ignorer: grosse erreur. Être capable de le reconnaître vous permet d'éviter de vous renfermer, de perdre de l'intérêt et de vous éloigner des autres.

Il est important de se rappeler que la déception, la colère et le ressentiment sont des signaux: ceux qui les ressentent doivent être capables de comprendre quelles sont les causes qui créent ces émotions. D'autres conflits pourront être évités à l'avenir grâce à cette méthode.

A partir du moment où les personnes dans le conflit sont conscientes de leurs émotions, elles peuvent commencer le travail de gestion des émotions, essayer d'exercer un contrôle sur elles. La colère est-elle utile pour parvenir à une solution? Comme nous l'avons dit, la colère est une émotion utile, mais pas lorsqu'il s'agit de résoudre un conflit. Pour cette raison, il est nécessaire de se concentrer sur la déception, la douleur, l'inquiétude, la perte éventuelle qui

conduisent à la colère. Voir la colère comme une émotion secondaire vous permet de découvrir quelles sont ses véritables causes. De cette façon, le conflit peut être géré de façon plus simple.
Lorsque la conscience de ses propres émotions est élevée, et qu'on a trouvé les causes qui ont conduit à la colère, il est possible de s'attaquer à la gestion effective du conflit en appliquant l'empathie et la communication empathique: un travail réalisé par toutes les personnes impliquées est nécessaire pour résoudre le conflit. Les parties doivent agir ensemble et l'empathie est exactement ce dont vous avez besoin pour créer un environnement harmonieux. Le succès dépendra de la capacité à respecter et à comprendre le point de vue de l'autre par rapport à la situation.
Un petit conseil: réfléchissez bien aux mots que vous êtes sur le point de dire, prenez quelques instants pour les évaluer. Bien que ce type de comportement puisse rendre votre discours moins spontané, vous serez en

mesure de véhiculer un sentiment de calme, de faciliter la collaboration et d'éviter aux gens de se mettre sur la défensive. En outre, en choisissant les bons mots, vous communiquerez d'une manière plus empathique, faisant en sorte que tous les participants au conflit se sentent importants, mettant en lumière les idées et les besoins de tous.

Faites le point sur la situation, en expliquant ce que vous avez compris. Utilisez la première personne. Vous éviterez que les autres se sentent accusés.

Rappelez-vous de votre objectif! Portez votre attention sur l'objectif réel et le problème qui doit être résolu. Qu'est-ce qui compte vraiment à ce moment précis?

Faites une proposition personnelle sur la façon dont le conflit pourrait être résolu et écoutez, évaluez ensemble toutes les propositions, en étant attentif aux besoins et aux idées de chacun.

Une personne consciente

Maintenant, vous pouvez exercer votre conscience.
C'est un aspect très important pour l'empathie et plus généralement pour votre vie quotidienne: ne le sous-estimez jamais.
Être conscient de ses émotions, sentiments et objectifs est au cœur du développement de l'empathie. La prise de conscience de vos choix est fondamentale pour la construction de votre avenir. La conscience de vos capacités est le carburant qui permet à la confiance en soi de vous accompagner dans votre travail quotidien et dans vos défis. La connaissance de vos limites vous permet de grandir.
Ce sont tous des pouvoirs incroyables que chaque personne porte en elle. Ils peuvent être d'une grande aide pour faire face aux difficultés, mais aussi pour obtenir de bons résultats et des satisfactions.
Encore une fois, nous vous conseillons de chercher la forme de méditation qui vous convient. La méditation est un moyen vraiment puissant d'atteindre des niveaux

élevés de conscience, avec des résultats incroyables pour la vie quotidienne. Approfondissez cette discipline.

Six bonnes habitudes

Avant de conclure, nous aimerions vous donner une dernière indication. Voici six habitudes qui permettent de développer et d'augmenter vos capacités empathiques.
Ce sont, pour résumer, les bonnes habitudes d'une personne sensible.

Cultiver la curiosité

La curiosité est capable de développer votre empathie. De quelle curiosité parlons-nous?

Puisque nous parlons d'une compétence sociale, un super-pouvoir à utiliser avec les autres personnes, nous nous référons à la curiosité de type social.
Plus précisément, parler et interagir avec des étrangers, en dehors de son propre cercle de connaissances est un bon moyen d'élargir son empathie et d'apprendre beaucoup de choses sur la vie des autres. Nous ne parlons pas d'une discussion circonstancielle sur le mauvais temps: ce que vous devrez essayer de faire est de commencer une conversation sérieuse. Essayez de creuser dans les idées de celui qui se trouve en face de vous.
Comment faire?
Faites juste un essai. Essayez de parler et d'avoir une conversation avec un étranger au moins une fois par semaine.

Aller au-delà des préjugés

Dans la vie de tous les jours, les stéréotypes et les préjugés envers les autres sont courants. Ce sont des schémas mentaux que nous utilisons souvent et depuis très longtemps. Ils sont souvent dictés par les caractéristiques de l'environnement social dans lequel on a grandit ou dans lequel on vit.

Ce sont des croyances très dangereuses.

Elles sont présentes parce qu'elles ont encore des fonctions en termes de psychologie sociale. Cependant, elles peuvent avoir de graves répercussions dans les interactions.

Les gens sensibles et empathiques vont au-delà de ces stéréotypes et de ces préjugés. Ils essaient de trouver des points communs avec les gens qui les entourent.

Attention! Nous ne parlons pas nécessairement de préjugés ethniques. Nous parlons de toutes ces personnes que vous connaissez peu et qui malgré tout ne sont pas sympathiques envers vous, pour une raison ou une autre.

Pensez à quelqu'un que vous n'aimez pas, avec qui vous ne vous entendez pas très bien.

Vous avez trouvé? Trouvez une occasion de parler avec cette personne et de savoir ce que vous avez en commun.

Connaître la vie des autres

Cette habitude est fondamentale pour essayer de comprendre la vie d'une autre personne: imaginez et essayez de vivre comme quelqu'un d'autre le ferait, dans des conditions différentes de ce dont vous avez l'habitude. Si vous allez travailler tous les jours en voiture, essayez de penser à ce qu'il en serait si vous le faisiez à pied. Si votre voisin a un chien, essayez de penser à ce que serait votre vie avec un animal de compagnie. Faites des essais.

De cette façon, vous aurez une idée de ce que d'autres personnes vivent et peuvent ressentir. Nous ne disons pas que vous serez en mesure de comprendre ce que c'est. Personne n'est capable de comprendre à 100% la vie d'une autre personne. Mais cela vaut la peine de faire une tentative. Cela vous aidera à développer votre empathie.

Essayez régulièrement de vous mettre dans les souliers d'un autre et de réfléchir à ce qu'est sa vie.

Écouter et s'ouvrir

Une autre bonne habitude à avoir autant que possible est d'écouter et de s'ouvrir aux autres.

Chaque fois que vous en avez l'occasion, écoutez attentivement et précisément ce que la personne devant vous a à dire. Donner de l'importance à ses émotions et à ses humeurs, appréciez ses idées. Aussi, assurez-vous que vos émotions et vos sentiments soient disponibles pour l'autre. L'empathie est une rue à double sens. Pour être sûr d'être une personne sensible, vous devrez donner la possibilité à ceux qui sont en face de vous, d'être empathique envers vous. Laissez vos humeurs être perceptibles et disponibles pour ceux qui interagissent avec vous. Pratiquez à chaque fois que vous le pouvez.

Créer un changement

Nous ne voulons pas transmettre l'idée que l'empathie est un jeu qui se passe au niveau individuel. Les personnes sensibles sont également sensibles aux systèmes mondiaux, aux phénomènes de masse. Le monde doit être considéré comme une entité vers laquelle il faut faire preuve d'empathie. De cette manière, il sera possible de créer un changement empathique de grande envergure, dans la perspective d'une société capable d'accepter la différence, une société capable de considérer à la fois l'individu et l'humanité comme un ensemble.

Être une personne sensible et empathique signifie également promouvoir une plus grande empathie entre les gens, en commençant par ceux qui vous entourent.

Avoir un état d'esprit ambitieux

Une habitude des gens qui ont un niveau élevé d'empathie est d'avoir différentes manières d'aborder les relations. Par exemple, souvent, on porte un regard

empathique sur les personnes en difficulté, sur leurs proches. Mais vous n'avez surement jamais pensé à considérer de manière empathique des personnes avec qui vous avez eu des disputes, quelqu'un que vous ne pouvez plus voir en peinture.
C'est un pas en avant assez ambitieux, difficile à mettre en pratique.
Nous ne vous demandons pas d'être immédiatement capable de faire quelque chose de ce genre. C'est un objectif qui requiert du temps et que vous devrez faire vôtre.

Prenez ces bonnes habitudes. Essayez les exercices que nous vous avons proposés. Ouvrez ce livre à chaque fois que vous ne savez pas comment gérer une difficulté dans vos relations.

Utilisez votre super-pouvoir autant que possible.

Espace pour les notes personnelles

Une personne sensible

Une personne sensible

Informations légales

1ère édition

Rappresentanti legali:
c/o AutorenService24
Wenneberg 14
48653 Coesfeld
www.autorenservice24.de

Exclusions de responsabilité

La mise en œuvre de toutes les informations, instructions et conseils contenus dans ce livre électronique est à vos propres risques. Pour les dommages de toute nature, l'auteur n'assume aucune responsabilité légale. L'auteur exclut toute les réclamations de responsabilité contre lui pour les dommages matériels ou immatériels causés par l'utilisation ou la non-utilisation des informations ou l'utilisation d'informations incorrectes et/ou incomplètes. Par conséquent, toute réclamation légale et d'indemnisation ne sera pas acceptée. Ce travail a été créé et écrit avec le plus grand soin, grâce aux connaissances et des convictions disponibles au moment de l'écriture. Pour l'actualité, l'exhaustivité et la qualité de l'information, l'auteur n'assume aucune responsabilité. En outre, les erreurs d'impression et la désinformation ne peuvent pas être complètement exclues. Pour des informations incorrectes écrites par l'auteur, aucune responsabilité légale sous quelque forme que ce soit ne sera acceptée.

Droits d'auteur

Printed by Amazon Italia Logistica S.r.l.
Torrazza Piemonte (TO), Italy

39094088R00067